ARTILLERIE.

NOTICE

A L'USAGE

DES OFFICIERS D'INFANTERIE

SUR LE

CAISSON A MUNITIONS AFFECTÉ A CHAQUE BATAILLON

pour le transport d'une partie de l'approvisionnement

de cartouches modèle 1874.

PARIS

LIBRAIRIE MILITAIRE DE J. DUMAINE

LIBRAIRE-ÉDITEUR

Rue et Passage Dauphine, 30.

—

1878

Paris. — Imprimerie J. DUMAINE, rue Christine, 2.

AVERTISSEMENT.

Un aide-mémoire publié récemment avec l'autorisation ministérielle fournit aux officiers d'infanterie et de cavalerie les principaux renseignements qui leur sont nécessaires pour assurer l'entretien et la conservation du matériel et du harnachement des équipages militaires mis à la disposition des corps de troupe.

La présente notice donne des renseignements analogues, en ce qui concerne le caisson à munitions emprunté au matériel de l'artillerie et affecté à chaque bataillon d'infanterie pour le transport d'une partie de l'approvisionnement en cartouches modèle 1874. Comme l'aide-mémoire précité, elle n'a pas de caractère officiel ; elle a été imprimée dans le même format que ce document dont elle forme le complément, de sorte que ces deux ouvrages pourraient être reliés en un seul volume.

Elle se divise en trois chapitres :

Le chapitre Ier contient la description du matériel et la nomenclature détaillée de toutes ses parties. Il sera particulièrement utile aux corps qui auront à signaler des avaries ou à demander des pièces de rechange aux établissements de l'artillerie.

Le chapitre II est relatif au harnachement.

Enfin, le chapitre III contient les données relatives

au chargement des coffres et des renseignements divers.

Un tarif pour les réparations du harnachement et cinq planches de dessin complètent cette notice ; les trois premières planches sont relatives au matériel et les deux autres au harnachement.

———

NOTICE

A L'USAGE

DES OFFICIERS D'INFANTERIE.

CHAPITRE PREMIER.

MATÉRIEL.

ARTICLE Ier. — RENSEIGNEMENTS GÉNÉRAUX SUR LES CAISSONS A MUNITIONS EN SERVICE POUR LE TRANSPORT DES CARTOUCHES A LA SUITE DES BATAILLONS.

Deux modèles de caissons peuvent être affectés à ce service, savoir :

1° Le caisson à munitions modèle 1858 dont les parties principales sont en bois ;

2° Le caisson à munitions de 5 en fer, dans lequel presque toutes les parties sont métalliques.

Le premier modèle sera le plus habituellement employé.

Bien que ces deux types de voitures diffèrent beaucoup par les détails de construction, ils peuvent néanmoins être substitués l'un à l'autre dans tous les cas ; leurs pièces principales ont les mêmes dimensions générales et sont désignées par les mêmes dénominations ; de sorte que les dessins détaillés du caisson à munitions modèle 1858, données dans les planches I et II, et les légendes sommaires qui les accompagnent pourront être consultées utilement par tous les officiers, quel que soit le modèle de voiture en service dans leur corps. La planche III donne d'ailleurs une vue d'ensemble du caisson à munitions de 5 en fer.

Les caissons diffèrent essentiellement des voitures à 4 roues en usage dans l'industrie par le mode de réunion des deux trains : l'arrière-train porte à l'extrémité de la flèche une *lunette* qui s'adapte à un *crochet-cheville ouvrière* fixé à l'avant-train ; une *chevillette* reliée à l'avant-train par une chaînette s'engage dans l'extrémité du crochet-cheville ouvrière et empêche la lunette de sortir.

Ce système laisse une grande indépendance à chacun des trains par rapport à l'autre et il présente par suite de grands avantages pour le passage d'obstacles, tels que les fossés ; en outre, il permet de séparer la voiture en deux parties pour lui faire franchir à bras des tournants très-courts.

Il importe de remarquer que ce mode de réunion des trains ne maintient pas le timon dans une position horizontale, et il nécessite en conséquence l'emploi d'un dispositif dont il sera question au chapitre du harnachement.

Les 3 coffres placés sur le caisson sont tous identiques, quel que soit le modèle de la voiture. Ils ne sont pas fixés à demeure, mais ils portent chacun, à leur partie inférieure, trois pattes d'équerre qui sont reliées à la voiture par des dispositifs spéciaux : la patte de l'équerre de derrière s'engage dans l'*anneau carré arrétoir de coffre* et les pattes d'équerres de devant sont retenues par les *arrétoirs de coffre*.

Dans le caisson modèle 1858, les anneaux carrés sont fixés à demeure sur la voiture, ceux de l'arrière-train sont venus de forge sur la bande d'assemblage de brancards. Les arrétoirs de coffres sont maintenus en place par des clavettes pourvues de lanières ; lorsqu'on exécute la manœuvre qui consiste à changer les coffres, pour éviter de perdre ces arrétoirs, on les place dans des pitons disposés *ad hoc*. Il y a deux modèles d'arrétoir, un pour l'avant-train et l'autre pour l'arrière-train ; ils diffèrent par la longueur et sont marqués respectivement sur la tête des chiffres 1 et 2.

Dans le caisson de 5 en fer, tous les arrétoirs de coffre et les anneaux carrés de l'arrière-train sont pourvus chacun d'une tige taraudée et d'un écrou qui permettent de les serrer plus ou moins suivant l'épaisseur des pattes d'équerre ; une clavette double maintient l'écrou en place quand il est serré, un écrou rond goupillé empêche l'écrou de sortir ; la clavette double doit être assez ouverte pour ne pas se perdre. L'anneau carré de l'avant-train est fixé à demeure comme dans le caisson en bois.

Pour descendre un coffre du caisson de 5 en fer, on procède comme il suit : après avoir retiré les clavettes doubles, on desserre légèrement, s'il y a lieu, l'écrou de l'anneau carré arrétoir ; on desserre ensuite l'écrou de chaque arrétoir assez pour que l'argot puisse sortir de son logement ;

on tourne alors la tête de l'arrêtoir de manière qu'elle se trouve en dehors de la patte et on peut enlever le coffre.

N. B. — Les coffres chargés étant très-lourds, leur maniement demande beaucoup de précautions. On devra généralement les décharger avant de les descendre.

Le système d'enrayage se compose essentiellement d'un sabot, d'une chaîne et d'une chaîne d'échappement. La chaîne est divisée en deux parties entre lesquelles est interposée la chaîne d'échappement ; mais on peut réunir ces deux parties (comme on le voit sur le dessin) au moyen de la clef et de la maille à talon. La chaîne étant ainsi disposée, on présente le sabot à la roue de l'arrière-train, et, dès que la voiture avance, elle se trouve enrayée.

Pour désenrayer, il suffit de dégager la clef de la maille à talon et de faire avancer la voiture. Cette manœuvre peut s'exécuter en marchant ; un coup de pied sur la maille à talon suffit pour dégager la clef. Le sabot pouvant être très-chaud, on ne doit le ramasser qu'avec précaution.

Dans les deux caissons, les roues d'avant-train et d'arrière-train sont d'un modèle unique en ce qui concerne leurs dimensions générales ; ce modèle porte la dénomination de n° 2 bis. Mais ces roues peuvent être à moyeu en bois ou à moyeu métallique.

Chaque roue est retenue sur la fusée d'essieu par une esse pourvue d'une lanière ; une rondelle est placée à chaque bout du moyeu (1). L'esse peut être du nouveau modèle dit *à anneau*, spécialement dans le cas où le caisson est en fer ; la lanière doit réunir en les traversant le corps de l'esse et la chape de l'anneau. Cette disposition a pour but d'empêcher la lanière d'être coupée par les arêtes du trou d'esse.

Les caissons portent diverses ferrures qui ne sont pas toujours utilisées, principalement lorsque ces voitures sont affectées aux bataillons d'infanterie. On remarque parmi ces ferrures l'essieu porte-roue de rechange dont l'usage est tout indiqué et le crochet de brancard du milieu. Ce dernier peut recevoir la lunette d'un arrière-train qui serait momentanément privé d'avant-train.

---

(1) Dans les avant-trains, les rondelles d'épaulement sont remplacées par les extrémités aplaties des tirants.

Les réparations aux caissons, à moins qu'elles ne soient très-légères, devront être exécutées autant que possible dans les établissements de l'artillerie. Si des difficultés se présentent pour l'application de cette mesure, on devra faire venir ɑe l'un de ces établissements des ferrures confectionnées qui seront posées sur place.

ART. 2.—NOMENCLATURE DÉTAILLÉE DU MATÉRIEL.

Cette nomenclature comprend les principales pièces en bois et en métal qui entrent dans la construction de chaque partie du matériel et seulement les écrous et rosettes qui ont une destination spéciale.

Caisson à munitions modèle 1858.

Avant-train.

BOIS. — 2 *armons*. — 1 *fourchette*. — 1 *entretoise*. — 2 *goujons*. — 1 *coussinet de crochet cheville ouvrière*. — 2 *coussinets de bride de support d'armon*. — 1 *volée*. — 2 *marchepieds*. — 1 *timon*. — 1 *servante*.

FER. — 1 *bande d'écartement d'armons*. — 2 *pitons portearrétoirs de coffre*. — 2 *clavettes d'arrétoir avec 2 chaînettes* nº 2, composées chacune de trois mailles et deux anneaux. 2 *arrétoirs de coffre*. — 2 *lanières d'arrétoirs* (cuir hongroyé). 2 *supports d'armon avec 2 brides*. — 3 *crochets de prolonge dont 1 grand*. — 1 *crochet cheville ouvrière avec 1 bride*. — 1 *chevillette de crochet cheville ouvrière avec 1 chaînette*, composée de 7 mailles, un touret, et une femelle de touret. — 1 *boulon à piton*. — 1 *essieu* nº 3 bis. 2 *plaques d'assemblage d'armon et de volée*. — 2 *lamettes de volée*. — 2 *pitons de crochet d'attelage*. — 1 *bride de fourchette*. — 1 *plaque à piton de servante et son piton*. — 1 *douille et 1 virole de servante*. — 1 *chaînette porte-servante*, nº 2, composée de : un T, neuf mailles, un anneau et un piton. — 4 *crochets d'attelage*. — 1 *bride de têtard de timon avec sa double rosette*. — 1 *chevillette clef de timon*. — 1 *lanière* (cuir hongroyé). — 1 *chaînette* nº 2, composée de : un piton, dix mailles, un touret piton, une femelle de touret et un anneau.

1 *anneau carré arrêtoir de coffre*. — 1 *boulon d'assemblage de fourchette*. — 1 *crochet porte-boîte à graisse*. — 1 *crampon porte-esse de rechange*. — 2 *supports de marchepied*. — 2 *tirants*.

1 *arrétoir de timon*. — 1 *manchon de support de timon*. — 1 *rondelle de manchon et* 1 *clavette*. — 1 *lanière* (cuir hongroyé). — 1 *anneau à pattes de timon*. — 2 *chaînes de timon* n° 4, composées chacune d'un faux anneau et de neuf mailles.— 1 *collier de support de timon*. — 2 *branches de support*. — 2 *anneaux coulants*.

2 *roues* n° 2 bis *avec* 2 *rondelles de bout d'essieu* n° 2 bis, 2 *esses d'essieu* n° 2 bis *et* 2 *lanières* (cuir hongroyé).

Arrière-train.

BOIS. — 1 *brancard du milieu avec* 1 *coussinet*. — 2 *brancards des côtés*. — 1 *épars*. — 2 *marchepieds*. — 1 *corps d'essieu*. — 1 *flèche*.

FER. — 1 *bande d'assemblage de brancards*. — 1 *crochet porte-sabot*. — 1 *bride de brancard du milieu*. — 1 *crochet de brancard du milieu*. — 1 *bande support d'essieu porte-roue*. — 1 *essieu porte-roue avec* 1 *chaîne* composée de deux mailles étranglées et un T.

2 *plaques à oreilles d'arrétoir de devant*. — 2 *rosettes d'arrétoir de devant*. — 1 *bride de chaîne de sabot*. — 1 *sabot d'enrayage avec sa chaîne*. — 2 *plaques à oreilles d'arrétoir de derrière*. — 4 *pitons porte-arrétoirs de coffre*. — 4 *clavettes d'arrétoirs avec chaînettes*, composées chacune de quatre mailles et deux anneaux.— 4 *arrétoirs de coffre*.—4 *lanières* (cuir hongroyé).

1 *essieu* n° 3 bis. — 2 *étriers d'essieu*. — 1 *étrier d'essieu et de flèche*. — 1 *anneau porte-timon de rechange avec* 1 *chevillette et* 1 *chaînette*, composée de : un piton et cinq mailles. — 1 *lanière* (cuir hongroyé).

1 *lunette de flèche*. — 1 *étrier porte-timon de rechange avec* 1 *chevillette et* 1 *chaînette* composée de : un piton, neuf mailles et un touret. — 1 *lanière* (cuir hongroyé). — 2 *plaques d'appui de roue*.

1 *étrier de flèche*.—2 *rondelles de marchepied*. — 1 *anneau porte-levier et* 1 *chaînette à T de levier* composée de : un piton, deux mailles et un T. — 2 *plaques à crochet porte-pelles*. — 2 *supports de pioche*. — 1 *support de hache avec* 1 *chevillette*. — 1 *anneau porte-manche de hache*. — 1 *plaque*

à oreilles porte-masse.— 1 *chevillette de piton à patte de masse et* 1 *chaînette,* composée de six mailles, un touret et une rosette à piton.— 1 *anneau de manche de masse* — 1 *crochet porte grand piquet extérieur.* — 1 *lunette de grand piquet extérieur.* — 1 *bride de lunette de grand piquet extérieur.* — 1 *crochet porte-grand piquet intérieur.* — 1 *lunette de grand piquet intérieur.*— 2 *crochets porte-petits piquets.* — 2 *lunettes de petits piquets.*

2 *roues n°* 2 bis *avec* 2 *rondelles d'épaulement n°* 2 bis, 2 *rondelles de bout n°* 2 bis, 2 *esses d'essieu n°* 2 bis *et* 2 *lanières* (cuir hongroyé).

Caisson à munitions de 5 en fer.

Avant-train.

Bois. — 2 *marchepieds, un large et un étroit.*— 2 *coussinets d'étriers d'armon.* — 1 *timon.*

Fer. — 1 *essieu n°* 3 bis. — 2 *armons.* — 2 *supports d'armon.*— 2 *douilles d'arrêtoir.*—2 *étriers d'armon.*—2 *crochets de prolonge.* — 1 *fourchette* composée de deux côtés. — 2 *pattes de fourchette.* — 1 *double équerre de fourchette.* — 1 *bride de dessus de fourchette.* — 1 *bride de dessous de fourchette.* — 1 *plaque de derrière de fourchette.* — 1 *traverse d'écartement* composée de : un corps et deux pattes. — 1 *crochet cheville ouvrière.* — 1 *chevillette de crochet cheville ouvrière avec* 1 *chaînette* composée de : cinq mailles, une femelle de touret, un touret, une esse et un piton. — 1 *étrier d'essieu.*— 1 *anneau carré arrêtoir de coffre.*— 1 *crochet porte-boîte à graisse et* 1 *lanière* (cuir hongroyé). — 1 *crampon porte-esse de rechange.* — 1 *volée.* — 1 *support de têtard de timon.* — 1 *piton de servante.* — 2 *pitons de crochet d'attelage, du milieu.* — 2 *pitons de crochet d'attelage, des bouts.*— 2 *supports de marchepieds.* — 2 *tirants.*— 1 *servante,* composée de : un corps et deux douilles.—2 *arrêtoirs de coffre avec* 2 *écrous à* 6 *pans,* 2 *clavettes et* 2 *écrous ronds.*

4 *crochets d'attelage.*—1 *chaînette porte-servante,* composée de : un T, neuf mailles, un anneau et un piton. — 1 *chevillette clef de timon avec* 1 *chaînette,* composée de : un anneau, un touret, une femelle de touret, neuf mailles et un piton. — 1 *lanière de chevillette clef de timon* (cuir hongroyé).

1 *arrêtoir de timon.* — 1 *manchon de support de timon.* —

1 *rondelle de manchon* — 1 *clavette de manchon.* — 1 *anneau à pattes de timon.* — 2 *chaînes de timon,* composées chacune d'un faux anneau et de neuf mailles. — 1 *collier de support de timon.* — 2 *branches de support.* — 2 *anneaux coulants.*

2 *roues* n° 2 bis *avec* 2 *rondelles* n° 2 bis *de bout d'essieu.* — 2 *esses d'essieu* n° 2 bis, *à anneau* composées chacune de : une esse, un anneau. — 2 *lanières d'esses d'essieu* (cuir hongroyé).

Arrière-train.

Bois. — 1 *corps d'essieu.* — 2 *marchepieds, un large et un étroit.*

Fer. — 1 *essieu.* — 2 *brancards des côtés.* — 2 *équerres-supports de brancard, dont une de gauche et une de droite* (1). — 2 *tenons d'équerres de support de brancard.* — 2 *douilles d'arrétoir de coffres.* — 2 *plaques à crochet porte-pelles.* — 1 *crochet porte-sabot.* — 1 *entretoise de maille ouverte.* — 1 *brancard du milieu.* — 2 *bandes latérales de brancard du milieu dont* 1 *de gauche et* 1 *de droite.* — 1 *renfort de brancard du milieu.* — 1 *bride de brancard du milieu.* — 2 *anneaux carrés arrétoirs de coffre avec* 2 *écrous ordinaires,* 2 *clavettes et* 2 *écrous ronds goupillés.* — 1 *crochet de brancard du milieu.* — 1 *flèche.* — 1 *lunette de flèche.*

2 *pattes porte-timon de rechange.* — 1 *chevillette porte-timon de rechange avec* 1 *chaînette,* composée de neuf mailles, un touret et une rosette à piton. — 1 *lanière* (cuir hongroyé).

2 *plaques d'appui de roues.* — 2 *doubles équerres de flèche et de brancard.* — 1 *support de hache avec* 1 *chevillette.* — 1 *anneau porte-manche de hache.* — 1 *anneau porte-levier.* — 1 *chaînette à T de levier,* composée de : deux mailles, une rosette à piton et un T. — 1 *bride d'essieu porte-roue.* — 1 *essieu porte-roue avec* 1 *chaîne* composée de : deux mailles étranglées et d'un T. — 2 *pattes à tige d'essieu porte-roue avec* 1 *axe.* — 1 *bande support d'essieu porte-roue.* — 1 *coussinet de bande support d'essieu porte-roue* (buffle de 3 à 4 mill. d'épaisseur). — 1 *bande support de flèche.* — 1 *maille ouverte porte-chaîne de sabot d'enrayage.* — 1 *bande d'écartement de devant.* — 1 *bande d'écartement du milieu.*

(1) Les équerres-supports sont prolongées le long des brancards de manière à former les douilles d'arrêtoir du coffre de derrière.

2 *étriers d'essieu et de brancards des côtés.* — 2 *coussinets de brancards des côtés* (buffle de 3 à 4 mill. d'épaisseur). — 1 *anneau porte-timon de rechange avec* 1 *chevillette et* 1 *chaînette,* composée de cinq mailles et d'un piton. — 1 *étrier d'essieu et de brancard du milieu.* — 1 *coussinet de corps d'essieu* (buffle de 3 à 4 mill. d'épaisseur).

2 *supports de marchepieds.* — 1 *rondelle de marchepieds.* — 4 *arrétoirs de coffres avec* 4 *écrous ordinaires,* 4 *clavettes et* 4 *écrous ronds goupillés.* — 1 *sabot d'enrayage avec sa chaîne.* — 1 *plaque à oreilles porte-masse.* — 1 *chevillette de piton à patte de masse avec* 1 *chaînette* composée de : quatre mailles et un touret. — 1 *boulon à piton de chaînette de chevillette de piton à patte de masse.* — 1 *anneau de manche de masse.* — 2 *crochets porte-grands piquets.* — 2 *pitons à pattes de crochets porte-grands piquets.* — 2 *lunettes de grands piquets.* — 2 *brides de lunettes de grands piquets.* — 2 *crochets porte-petits piquets.* — 2 *lunettes de petits piquets.*

2 *roues* n° 2 bis *avec* 2 *rondelles d'épaulement.* — 2 *rondelles de bout et* 2 *esses d'essieu à anneau,* composées chacune de : une esse et un anneau. — 2 *lanières d'esses d'essieu* (cuir hongroyé).

Coffre à munitions modèle 1858, non allongé.

Approprié au transport des cartouches d'infanterie modèle 1874.

BOIS. — 2 *bouts.* — 2 *côtés.* — 1 *fond.* — 1 *couvercle* composé de : 1 *cadre,* 1 *panneau et* 1 *planchette de dessous.* — 3 *planchettes de pression.*

FER. — 2 *poignées,* 4 *pattes de poignées et* 4 *étriers de portereau.* — 6 *feuilles de tôle* dont : 1 *de couvercle.* — 11 *équerres,* 4 *de couvercles,* 4 *d'angles,* 2 *de devant et* 1 *de derrière.* — 1 *plaque de devant.* — 2 *charnières,* 2 *moraillons et* 2 *tourniquets.* — 1 *séparation principale.* — 1 *toile de fond de coffre.*

CUIR. — 4 *courroies porte-traits de rechange, au coffre d'avant-train seulement, formées chacune de :* 1 *contre-sanglon,* 1 *boucleteau avec boucle* n° 5 *et passant fixe,* 1 *renfort et* 1 *rondelle, le tout fixé par* 4 *vis à bois. Le cuir est de bœuf en suif à chair propre.*

Roue n° 2 bis (de l'artillerie).

La roue peut être à moyeu en bois ou à moyeu métallique.

Roue à moyeu en bois.

BOIS. — 1 *moyeu.* — 14 *rais.* — 7 *jantes.* — 7 *goujons.* — 14 *coins* (aux extrémités des rais).

FER. — 2 *cordons.* — 2 *frettes.* — 12 *caboches.* — 1 *cercle.* — 7 *boulons avec rosette et écrous.* — 2 *crampons de boîte de roue.*

BRONZE. — 1 *boîte de roue.*

Roue à moyeu métallique.

BOIS. — 14 *rais.* — 14 *cales* (dans l'intérieur du moyeu). — 7 *jantes.* — 7 *goujons.* — 14 *coins* (aux extrémités des rais).

FER. — 1 *cercle.* — 7 *boulons de cercle avec écrous et rosettes.* — 7 *boulons d'assemblage du moyeu avec écrous.*

BRONZE. — 1 *moyeu composé de 1 boîte et 1 disque mobile.*
Dans les deux modèles de roue, les jantes peuvent recevoir des clous rivés lorsqu'elles paraissent susceptibles de se fendre.

Objets de campement pour l'attache des chevaux.

4 *piquets d'attache.* — 2 grands et 2 petits, comprenant chacun : 1 *bois,* 1 *frette à piston* arrêtée par 3 *caboches,* 1 *anneau de frette* et 1 *sabot* fixé au bois par 12 clous d'applicage dont 3 sur chaque branche.
1 *corde à chevaux.* — Elle est formée d'un cordage goudronné terminé à chaque extrémité par une ganse. Dans l'une des ganses est engagée la *maille* et dans l'autre, la *chaîne à T* qui comprend 1 *anneau à piston,* 4 *anneaux ronds et un T.*
1 *masse de campement.* — Elle comprend 1 *tête* et 1 *manche* en bois. La tête est garnie de 2 *frettes* retenues chacune par 3 *caboches* et de 2 *pitons à patte* fixés par 2 rivets qui traversent la tête.

Accessoires divers.

La pelle, la pioche et la boîte à graisse (*grande*) sont les mêmes que dans le matériel des équipages militaires.
Le *levier* est formé d'un corps en bois ; il présente vers le petit bout une maille fixée par une bride, et, vers l'autre

2

bout, un arrêtoir avec deux plaques de garnitures fixées par des rivets (1). (Il existe un modèle de levier plus récent qui, provisoirement, est employé plus spécialement au service des affûts. Les deux bouts de ce levier sont de la même grosseur ; l'un porte deux plaques de garniture 1 *maille* et 1 *arrétoir*).

Les accessoires qui entrent dans le chargement des coffres sont la *sangle à cartouche* et le *bissac* (qu'il ne faut pas confondre avec l'objet de même nom qui fait partie du harnachement).

La sangle, ainsi que sa poignée, est en fort tissu croisé, elle est pourvue de 2 œillets à chaque extrémité.

Le bissac est formé d'une seule pièce de toile écrue de pur chanvre. L'ouverture, qui doit avoir 360 mill. de longueur, est arrêtée par deux points de boutonnière.

La *courroie d'attache des branches de support* est en cuir de l'espèce dite : *bœuf en suif à chair propre*. Elle se compose de 2 parties principales : *le collier* avec boucle n° 6 et *la dragonne* avec boucle n° 6 et passant fixe.

Cette courroie sert à fixer les branches de support et les chaînes du timon de rechange. A cet effet, les branches sont d'abord disposées horizontalement, puis ramenées vers le têtard, et réunies au timon au moyen du collier qui est bouclé en arrière des bourrelets ; le bout libre de la dragonne est ensuite engagé dans la dernière maille de chacune des chaînes, puis bouclé et modérément serré.

Les équipages régimentaires doivent être pourvus de *lanières* de rechange destinées à remplacer celles qui viendraient à se couper ou à se perdre. A cet effet, un paquet de 25 lanières est placé dans le coffret de la voiture à bagages de chaque bataillon d'infanterie ; dans les équipages des bataillons de chasseurs à pied ces lanières sont placées dans la voiture régimentaire qui porte les bagages des compagnies.

---

(1) L'arrêtoir ne sert que dans le cas où le levier est adapté à un affût.

CHAPITRE II.

HARNACHEMENT.

Le harnachement des chevaux du caisson de bataillon se compose de deux paires de *harnais de derrière* du modèle en usage dans l'artillerie. L'une de ces paires est destinée aux chevaux de devant : pour l'approprier à cet usage, il suffit de modifier la disposition des rallonges de trait comme l'indique le dessin (Pl. IV). Le *harnais de devant* de l'artillerie a été exclu de l'attelage du caisson de bataillon à cause des difficultés auxquelles son emploi aurait donné lieu dans le cas de la perte des chevaux de derrière.

Chaque paire de harnais se divise en harnais de porteur et harnais de sous-verge, tous les cuirs sont fauves.

Nota : Sauf les exceptions indiquées, les cuirs sont de bœuf en suif à chair propre, pour les garnitures de tête et en plein suif demi-façon pour les autres parties. La bouclerie est vernie en noir.

Les harnais peuvent être de modèle ancien ou irrégulier ; voir à ce sujet les observations placées à la suite de cette description.

Harnais de porteur.

1° GARNITURE DE TÊTE.

BRIDE. — Elle est composée de : 1 *têtière*. — 1 *mors à branches courbées* dites *à la Condé*.— 1 *mors de filet*. — 1 *paire de rênes de brides*. — 1 *paire de rênes de filet*.

COLLIER D'ATTACHE. — Il est composé de : 1 *collier* proprement dit.— 1 *touret*. — 1 *longe en chaîne*.

Ces objets, sauf le mors, la paire de rênes de bride et la paire de rênes de filets, sont les mêmes que ceux qui entrent dans la composition du harnais à bricole en cuir fauve pour la conduite en guides.

Pour la description de ce harnais on se reportera à l'aide-mémoire des équipages militaires ; pour les autres objets, voir le détail ci-après et le dessin à la fin du texte.

MORS DE BRIDE. — 2 *branches*. — 1 *embouchure* (la liberté de langue et les canons). — 2 *anneaux*. — 1 *entretoise*. —

2 *bossettes* (elles sont en cuivre jaune, timbrées en relief de 2 canons surmontés d'une grenade et fixées chacune par 2 clous rivés; sous ces bossettes sont deux contre-rivures appelées *fonceaux*). — 1 *gourmette.*

PAIRE DE RÊNES DE BRIDE. — 2 *rênes.* — 2 *boucles* n° 6. — 4 *passants fixes.* — 2 *porte-rênes.* — 1 *passant coulant.* — 1 *fouet.* — 1 *bouton anglais.*

PAIRE DE RÊNES DE FILET. — 2 *rênes.* — 2 *boucles* n° 6. — 4 *passants fixes.* — 2 *porte-rênes.*

2° HARNAIS D'ATTELAGE A BRICOLE.

BRICOLE. — Composée de : 1 *corps de bricole.* — 1 *dessus de cou.*

PAIRE DE TRAITS. — Composée de : 2 *traits en cuir.* — 2 *rallonges de trait.* — 2 *chaînes de bout de trait.*

SOUS-VENTRIÈRE. — Composée de : 1 *boucleteau* avec *contre-sanglon.* — 2 *porte-traits.*

AVALOIRE. — Composé de : 1 *bras du bas.* — 1 *bras du haut.* — 2 *boucleteaux porte-traits.*

PLATE-LONGE.

Les objets qui précèdent sont les mêmes que ceux qui entrent dans la composition du harnais à bricole pour la conduite en guide; voir en conséquence, l'*aide-mémoire des équipages militaires* (1).

Les autres objets spéciaux au harnais du porteur sont détaillés ci-dessous et figurés dans les dessins à la suite du texte.

SELLE. — La selle complète se compose des parties principales suivantes : l'*arçon, le faux-siége, les parties en cuir, etc., du corps de selle, les panneaux, la paire de sacoches, les courroies, les sangles, les étrivières, les étriers, la croupière, le surfaix de selle.*

Le clouage des toiles et des cuirs sur l'arçon se fait avec des clous dits *broquettes.*

ARÇON. — Parties en bois (hêtre). — 1 *arcade* de deux

---

(1) Il y a cependant une légère différence qui consiste en ce que dans le dessus du cou du harnais de l'artillerie la *chape de courroie de croupière* n'existe pas.

pièces collées (*la liberté de garrot*, les *pointes d'arcades*). —
2 bandes *d'arçon* (*les pointes d'arçon*). — 1 *troussequin*. —
2 *taquets*, collés dans les angles que fait le derrière du troussequin avec chacune des bandes.

Avant l'applicage des ferrures, l'arçon est nervé, entoilé
et recouvert de deux couches de colle forte.

PARTIES EN FER. — Les ferrures sont vernies en noir, la
bouclerie et les crampons sont étamés. — 1 *bande de garrot*.
— 1 *bande de collet*. — 2 *chapes d'attache de chapelet* n° 3
avec enchapures en tôle. — 2 *boucles de montant de poitrail*
n° 6, avec enchapures en tôle. — 2 *porte-étrivières à rouleau
avec brides*. — 1 *crampon de dragonne*. — 2 *crampons de
pointes d'arcade*. — 2 *équerres de troussequin*. — 2 *bande-
lettes de troussequin*. — 1 *crampon de longe de croupière avec
rosette*. — 3 *crampons de courroies de porte-manteau*. — 1 *dé
de courroie de botte porte-carabine* avec enchapure en tôle ;
fixée au côté droit de l'arcade entre la chape d'attache de
chapelet et la bande de montant de poitrail. (Ce dé n'est
utilisé que dans le cas, où le conducteur doit porter une
carabine à la botte).

FAUX-SIÉGE. — 1 *garde-rouille* (vache lissée) recouvrant
la bande de collet. — 2 *sangles croisées*. — 2 *sangles traverses*. — 1 *toile de faux-siège*. — 1 *toile de matelassure*. —
2 *mamelles* (gaînes en basane remplies de bourre). — *Une
matelassure* formée de 400 grammes environ de bourre de
bœuf ou de veau est disposée entre la toile de faux-siége et
la toile de matelassure.

PARTIES EN CUIR, etc., DU CORPS DE SELLE. — 1 *Siége*
(vache lissée). — 2 *quartiers* (bœuf grené) réunis au siége
par deux coutures avec joncs. — 2 *tirants* (vache lissée). —
1 *garniture de troussequin* (vache lissée). — 2 *garnitures de
pointes d'arcades* (vache lissée). — 2 *faux-quartiers* (vache
grenée). — 2 *boucles d'attache de panneaux* n° 7 avec enchapures. — 4 *contre-sanglons de sangles simples*. — 2 *contre-sanglons de sangles doubles*. — 1 *ganse d'accouple* (vache
lissée). — 2 *trousse-étriers* formés chacun de : 1 *boucleteau*,
1 boucle n° 7, 1 *passant fixe* et 1 *contre-sanglon*. — 1 *contour
de troussequin* (cuivre jaune).

PANNEAUX. — 2 *dessus de panneaux* (vache lissée). —
2 *chaussures de pointes d'arcades* (vache lissée). — 2 *chaussures de pointes de bandes* (vache lissée). — 1 *bordure de cou-
ture* (veau lissé). — 2 *toiles de matelassure*. — Matelassure,

2.

cuvir. 1 kil., 300 de crin. — 2 *contre-sanglons de panneaux.*

SACOCHES. — 1 *chapelet* (bœuf lissé) comprenant : 2 *dessus*, 2 *dessous*, 2 *galbes* et 1 *passant fixe* de courroie de manteau. — 2 *sacoches*, comprenant : 2 *dessus* (vache grenée). — 2 *goussets* (vache grenée), formés chacun de 2 côtés, 3 *passes de boucleteau* (vache lissée) et 2 *bordures* (vache lissée). — 2 *poches à fer* comprenant : 2 *dessus* (vache grenée), 2 *soufflets* (vache lissée), 2 *contre-sanglons* (bœuf lissé), 2 *boucleteaux* (bœuf lissé). — 2 *boucles* n° 7. — 2 *passants fixes* (bœuf lissé). — 1 *fonte*, composée de : 1 *corps* (bœuf étiré à l'eau), 1 *enveloppe* (cheval vert), 1 *bande d'attache* (fer), 1 *cercle* (fer). — 2 *courroies de sacoche* (bœuf lissé), comprenant : 2 *boucleteaux*, 2 *boucles* n° 6, 2 *passants fixes*, 2 *contre-sanglons*. — 2 *courroies de paquetage* (bœuf lissé), comprenant : 2 *boucleteaux*, 2 *boucles* n° 6, 2 *passants fixes*, 2 *passants coulants*, 2 *contre-sanglons*. — 2 *recouvrements de sacoche* (vache grenée forte) avec *bordures*. — 2 *contre-sanglons* (bœuf lissé). — 2 *boucleteaux*. — 2 *boucles* n° 7 et 2 *passants fixes*. — 1 *dé de longe* étamé avec enchapure, fixé au chapelet en avant de la sacoche gauche.

Le recouvrement de sacoche de gauche est fendu de manière qu'une partie de cette pièce puisse se relever pour donner accès dans la fonte ; les deux parties séparées par la fente peuvent être réunies au moyen d'une *boutonnière* et d'un *bouton à tige* en cuivre fixé sur une patte d'attache.

Quelques-unes des coutures des sacoches comprennent des joncs ; ce sont celles qui réunissent les deux parties du gousset entre elles et avec le dessus et celles qui forment les arêtes des recouvrements.

COURROIES. — Elles sont toutes en bœuf lissé, les boucles sont étamées. — 1 *petite et* 3 *grandes courroies de manteau* chacune avec boucle n° 6, passant fixe et passant coulant. — 2 *courroies d'intérieur de sacoches* avec boucles n° 6 et passants fixes. — 1 *lanière de pistolet.*

SANGLES. — Elles sont formées d'un fort tissu croisé en fil de chanvre et pourvues de 4 boucles étamées n° 4 fixées par des enchapures de bœuf en suif à chair propre. Une *passe de sangle* en bœuf lissé les réunit en leur laissant une certaine indépendance.

ÉTRIVIÈRES. — Elles sont en bœuf lissé et pourvues chacune d'une boucle à traverse, étamée.

ÉTRIERS. — Ils sont en fer forgé.

CROUPIÈRE. — 1 *culeron* (vache à l'huile et 40 grammes environ de bourre). — 1 *fourche de culeron* avec 2 *renforts*. — 1 *contre-sanglon*. — 1 *passe de surdos* (bœuf lissé). — 1 *boucle n° 5* avec passant-fixe. — 1 *chape de courroie trousse-trait n° 3*. — 1 *passant mobile*. — 1 *courroie trousse-trait* avec 1 *boucle n° 6* et 2 *passants fixes*.

SURFAIX DE SELLE. — (bœuf lissé). — 1 *corps*. — 1 *contre-sanglon*. — 1 *boucle n° 4*. — 1 *enchapure*. — 2 *passants fixes*. — 1 *passe*.

COLLERON. — 1 *corps* (vache drayée en plein suif). — 1 *boucle n° 2*. — 1 *enchapure*. — 1 *passant fixe*. — 1 *contre-sanglon*. — 1 *dragonne*. — 2 *mailles à piton* dont une de colleron et une d'agrafe. — 1 *courroie d'agrafe* avec 1 boucle n° 2 et 2 passants fixes. — Toutes les courroies détaillées ci-dessus sont de bœuf en suif à chair propre.

La courroie d'agrafe est destinée à embrasser la chape de l'anneau coulant de branche de support (voir la nomenclature du matériel). Par suite de cette disposition le timon se trouve supporté par les chevaux de derrière qui conservent cependant la faculté de s'écarter l'un de l'autre. Ce mode de suspension jouit de la propriété de fonctionner régulièrement quelles que soient les inégalités que présente le terrain.

BISSAC. — Il est formé de 2 *poches* en toile à voile composées chacune de : 1 *derrière*. — 1 *devant*. — 1 *pourtour*. — 1 *patelette*. — 2 *contre-sanglons*. — 2 *boucles n° 4* étamées. — 2 *enchapures* et 2 *passants fixes*. Ces poches sont réunies entre elles par : 1 *sangle fixe*. — 1 *sangle libre*. — 2 *contre-sanglons de sangle libre*. — 2 *boucles n° 6* étamées. — 2 *enchapures* et 2 *passants fixes*.

Le bissac sert à transporter divers objets et principalement la ration d'avoine des chevaux.

COUVERTURE. — Elle est en laine de première qualité de couleur bleue foncée avec bandes jaunes (celle du train des équipages militaires est gris de fer).

SURFAIX DE COUVERTURE. — 1 *sangle* (tissus croisé en fil de chanvre). — 1 *contre-sanglon* (cuir hongroyé). — 1 *renfort* (basane ou vache). — 1 *boucle n° 3*. — 1 *enchapure* (cuir hongroyé). — 2 *passants* (cuir hongroyé), dont un d'enchapure et un de sangle.

3

Harnais de sous-verge.

1° GARNITURE DE TÊTE.

BRIDE. — 1 *têtière.* — 1 *mors à barres.* — 1 *paire de rênes.* — 1 *longe bouclée.* — 1 *collier d'attache.*

La têtière est la même que celle de la bride de porteur.

Le mors à barres est le même que celui du harnais de circonstance.

Les rênes sont les mêmes que les rênes de filet de la garniture de tête des harnais pour la conduite en guides.

Pour la description détaillée du mors et des rênes, on se reportera donc à l'aide-mémoire des équipages militaires.

LONGE BOUCLÉE. — 1 *longe.* — 1 *boucle n° 5.* — 1 *passant fixe.* — 1 *porte-longe* formant contre-sanglon.

COLLIER D'ATTACHE. — Il est le même que celui du porteur.

2° HARNAIS D'ATTELAGE A BRICOLE.

Ce harnais est le même que celui du porteur, sauf les différences suivantes :

Objets supprimés.

SELLE COMPLÈTE, moins la *croupière.*

BISSAC.

Objets ajoutés.

SELLETTE DE SOUS-VERGE. — La sellette complète se compose des parties principales suivantes : *L'arçon.* — *Les parties en cuir, etc., du corps de la sellette.* — *Les panneaux.* — *La poche à fers.*

ARÇON. — Parties en bois (hêtre). — 1 *arcade de devant.* — 1 *clef.* — 2 *bandes.* — 2 *pointes d'arcades de derrière.* — Le bois de l'arçon est nervé, collé et entoilé comme celui de la selle.

PARTIES EN FER (peintes en noir). — 1 *bande de garrot.* — 1 *bande de collet.* — 1 *bande de rognon.* — 4 *crampons de courroie de charge.* — 1 *chape de longe de croupière n° 2 avec enchapure* en tôle. — 2 *dés de contre-sanglon porte-trait avec enchapures* en tôle.

PARTIES EN CUIR, ETC., DU CORPS DE LA SELLETTE. —
2 *quartiers* (bœuf grené).—1 *jonc de quartiers* (vache lissée).
— 1 *galbe de quartiers* (bœuf lissé). — 1 *garniture de troussequin* (vache lissée). — 1 *contour de troussequin* (cuivre
jaune).—1 *sous-ventrière* composée de : 1 *boucleteau,* 1 *boucle
n° 3,* 1 *passant fixe,* 1 *passe* et 1 *contre-sanglon.* — 2 *contre-
sanglons porte-traits.* — 1 *longe de croupière avec chape n° 2.*
— 1 *boucle rénoir,* elle est à traverse et pourvue d'un ar-
dillon en forme de T, elle est placée sur le devant de la
sellette ; son enchapure, introduite sous la bande de collet
par une mortaise pratiquée dans les quartiers, est fixée par
une vis à bois.

PANNEAUX. — 2 *dessus* (vache lissée). — 4 *chaussures de
pointes d'arcades* (vache lissée). — 2 *bordures de coutures*
(veau lissé). — 1 *toile de matelassure* (treillis fort). — 1 *matelassure* formée de 500 gr. de crin.

POCHE A FER. — Elle est double ; les parties en cuir, sauf
les courroies, sont de *vache lissée.*

2 *dessus de poche.* — 2 *dessous de poche.* — 2 *soufflets.* —
2 *passes.* — 1 *dessus de chapelet.* — 2 *contre-sanglons.* — 1 *dessous de chapelet.* — 2 *boucles n° 6 avec enchapure et passants
fixes.*—2 *courroies de charge* avec *boucles n° 6, passants fixes*
et *passants coulants :* chacune d'elles est passée dans deux
des crampons de courroie de charge et dans la passe de
l'un des dessous de poche.

Observations.

Les harnais de modèles anciens ou irréguliers doivent
être entretenus avec soin comme les autres et ils ne devront être proposés pour la réforme que dans le cas où leur
état d'usure ne permettrait pas de les faire réparer utilement.

Les harnais d'attelage anciens sont en cuir noir, mais ils
sont semblables à celui qui est décrit ci-dessus, sauf en ce
qui concerne la sellette du sous-verge qui est remplacée
par un surfaix composé de : 1 *arçon* (tôle), 1 *crochet,*
1 *dessus d'arçon,* 1 *sous-ventrière de surfaix,* 1 *côté gauche
de surfaix,* 1 *dessus de coussinet double,* 1 *dessous d'idem ;*
1 *longe de croupière,* 2 *contre-sanglons de porte-traits avec
boucles et passants.*

La selle ancienne diffère du modèle actuel principalement

en ce que les poches à fer sont placées en arrière et disposées comme celles de la sellette.

Il ne semble pas possible de donner des indications pré-
cises au sujet des harnais irréguliers qui proviennent généralement d'achats faits à l'étranger pendant la guerre.

CHAPITRE III.

CHARGEMENT DU CAISSON ET RENSEIGNEMENTS DIVERS.

Chargement extérieur.

Objets portés par l'avant-train.

1 *Esse d'essieu, n° 2 bis.* — Engagée dans le crampon porte-esse de rechange fixé contre la branche gauche de la fourchette ; retenue par une lanière en cuir.

1 *boîte à graisse.* — (A l'un des trois caissons d'un régiment et au caisson de chaque bataillon formant corps). Suspendue au crochet porte-boîte à graisse fixé contre la branche gauche de la fourchette.

1 *corde à chevaux.* — Aux trois crochets de prolonge fixés à l'essieu. Pour ployer cette corde, engager la maille dans le crochet de droite ; envelopper de dessus en dessous, et alternativement, les deux crochets en passant chaque fois la corde sur le grand crochet et arrêter le T entre les brins de la corde ainsi ployée.

1 *paire de traits de rechange.* — Aux courroies du coffre.

Objets portés par l'arrière-train.

2 *grands piquets d'attache.* — Les sabots engagés dans leurs lunettes, les anneaux de frette à leurs crochets vers le devant de la voiture.

2 *petits piquets d'attache.* — Un sous chaque brancard des côtés, vers le derrière de la voiture, suspendu comme les grands piquets.

1 *masse de campement.* — A l'arrière du caisson, la tête reposant sur le brancard de droite, l'un des pitons logé dans la mortaise de la plaque à oreilles le manche passé dans son anneau.

1 *levier.* — Le gros bout engagé dans l'anneau porte-levier fixé sur le côté droit du brancard du milieu et la maille du levier retenue par la chaînette à T placée du même côté de ce brancard.

3.

1 *pelle carrée*. — Suspendue par l'œil de la lame au crochet porte-pelle du brancard de gauche, le manche reposant sur le corps d'essieu.

1 *pioche*. — Le hoyau de la pioche engagé dans l'ouverture de la bande support d'essieu porte-roue de rechange, le manche reposant sur le corps d'essieu.

1 *timon de rechange*. — (A l'un des trois caissons d'un régiment et au caisson de chaque bataillon formant corps). Retenu d'une part dans l'anneau porte-timon de rechange placé sous l'essieu, et d'autre part dans l'étrier porte-timon fixé sous la flèche, près de la lunette, les branches de support et les chaînes réunies au moyen de la courroie d'attache.

Chargement des coffres.

Chaque coffre est divisé en deux cases inégales appelées case de droite et case de gauche; suivant qu'elles sont à la droite ou à la gauche de l'homme qui ouvre le coffre. Le chargement est toujours formé de cartouches réunies en trousses.

Chargement en cartouches à balle.

CASE DE DROITE. — Disposer sur le fond de la case une rangée de 3 trousses placées de champ la poignée en dessus et appuyées par le petit côté contre le derrière du coffre; établir une rangée semblable entre la première et le devant du coffre. Au-dessus de cette couche en former une autre semblable. Dans chaque rangée la trousse du milieu doit être introduite la dernière.

Placer sur la couche supérieure 3 bissacs superposés pliés en cinq dans le sens de la longueur, les coutures tête-bêche; les recouvrir de la planchette de pression et placer un 4e bissac sur la planchette entre les traverses.

CASE DE GAUCHE. — Le chargement de cette case est formé par la juxtaposition de deux chargements identiques à celui de la case de droite.

Précautions à prendre pour assurer la stabilité du chargement.

Le chargement doit être suffisamment maintenu par le couvercle quand le coffre est fermé. Pour régler la pression du couvercle on peut changer la disposition des bissacs dans chaque case ou placer sur les planchettes des torons de foin parfaitement sec.

Quant au jeu latéral qui pourrait exister entre les parois du coffre et les cartouches, par suite des écarts de la fabrication courante des paquets et de leur réunion en trousses, il convient de le faire disparaître par l'emploi de planchettes, bissacs, étoupes ou foin sec, interposés entre le chargement et les parois du coffre, en se réservant la possibilité de pouvoir enlever à la main ces divers dispositifs, pour le cas où, dans les opérations du transbordement, on se trouverait en présence de trousses ayant des dimensions supérieures aux premières.

En route, le chargement doit être visité fréquemment, surtout après les premières marches qui déterminent un certain tassement. On doit remédier immédiatement aux défauts de stabilité qui seraient constatés.

Le caisson porte 18 144 cartouches et 36 bissacs.

Chargement en cartouches sans balle.

Les dimensions des cases sont réduites par l'introduction de six planches de remplissage qui sont fournies par le service de l'artillerie ; les planches dépourvues de traverses sont placées contre le derrière du coffre, et les autres dans le sens parallèle à la séparation.

Le chargement s'effectue ensuite comme pour les cartouches à balle, avec cette différence qu'il n'est placé que deux bissacs sur chacune des trois planches de pression.

Le caisson porte 16 848 cartouches et 27 bissacs.

Confection des trousses.

(Extrait de l'instruction du 24 février 1877).

. . . .

Confection des trousses de paquets de cartouches modèle 1874, à balle.

ATELIER. — *2 hommes.* — *1 artificier.* — *1 pourvoyeur.*

MATIÈRES.—*Paquets de cartouches,—sangles,— ficelle ordinaire de 2 à 3 millimètres de diamètre ;—rectangles-enveloppes de fort papier bulle de 0^m,580 de longueur sur 0^m,480 de largeur.*

3..

USTENSILES. — 1 *table*. — 1 *cadre de* 0ᵐ,020 *de hauteur, ayant pour dimensions intérieures* 0ᵐ,196 *de longueur et* 0ᵐ,170 *de largeur.* — 1 *paire de ciseaux.* — 2 *pinces en bois.* — 1 *baguette en bois.*

DISPOSITIONS PRÉLIMINAIRES. — Fixer le cadre sur la table au moyen de deux vis à bois, un des longs côtés affleurant le bord de la table.

Plier les rectangles-enveloppes dans le sens de la largeur et à 85 millimètres environ de l'une des extrémités (*Longueur d'un paquet de cartouches*).

Couper la ficelle en bouts de 0ᵐ,750 de longueur.

CONFECTION. — Le pourvoyeur apporte les paquets de cartouches.

L'artificier faisant face au cadre, prend un rectangle dont il place le pli dans l'angle formé intérieurement par le long côté du cadre qui est le plus éloigné, l'autre extrémité du rectangle tombant librement sur le devant de la table.

Il forme ensuite dans l'intérieur du cadre 4 rangées de 7 paquets de cartouches, placés debout, l'épaisseur des paquets dans le sens de la longueur du cadre ; il rabat par dessus le petit bout du rectangle, dans le cas où ce bout dépasserait la hauteur des paquets, puis il relève l'autre extrémité dont il enveloppe la partie supérieure de la couche ainsi que la partie du rectangle déjà repliée.

Le pourvoyeur maintient le rectangle tendu sur les paquets.

L'artificier place la sangle autour du groupe ainsi formé, les œillets tournés de son côté, le bord inférieur de la sangle touchant le cadre, la poignée en dehors. Cela fait, il prend un bout de la ficelle, engage une des extrémités, de dehors en dedans, dans l'œillet inférieur de l'extrémité de droite ; il passe ensuite de dehors en dedans, dans l'œillet supérieur de l'extrémité de gauche, et, après l'avoir engagé de dedans en dehors dans le dernier œillet, il réunit les deux brins libres au moyen d'un demi-nœud.

Prenant de chaque main une pince en bois, l'artificier introduit dans la fente de chacune d'elles un des brins libres qu'il enroule autour de la pince, et fait effort pour tendre les brins ainsi que la sangle.

Les paquets étant bien pressés les uns contre les autres, le pourvoyeur appuie l'extrémité de la baguette sur le demi-nœud, de manière à l'empêcher de se desserrer. L'artificier dégage les pinces, fait un nœud droit et coupe les brins libres à une distance de 30 à 40 millimètres du nœud.

Pour que la trousse soit bien faite, il faut que le rectangle-enveloppe soit tendu sur les faces de la trousse, que les paquets de cartouches soient assez serrés pour résister à une pression modérée exercée dans le sens de leur longueur : enfin, qu'aucun des bouts de la poignée ne vienne reposer sur une des faces latérales de la trousse.

La trousse confectionnée contient 28 paquets, soit 168 cartouches et pèse 7 kil. 600.

Confection des trousses de paquets de cartouches modèle 1874, sans balle.

ATELIER. — 2 *hommes*. — 1 *artificier*. — 1 *pourvoyeur*.

MATIÈRES. — *Paquets de cartouches sans balle,—sangles, ficelle ordinaire de 2 à 3 millimètres de diamètre;—rectangles-enveloppes de fort papier bulle de 0*m*,530 de longueur sur 0*m*,180 de largeur.*

USTENSILES. — *1 table. — 1 cadre de 0*m*,010 de hauteur, ayant pour dimensions intérieures 0*m*,188 de longueur et 0*m*,170 de largeur.— 1 paire de ciseaux.— 2 pinces en bois.— 1 baguette en bois.*

DISPOSITIONS PRÉLIMINAIRES ET CONFECTION. — Mêmes détails que pour la confection des trousses de cartouches à balle, sauf les différences suivantes : on plie le rectangle à 65 millimètres environ de l'extrémité (*Longueur d'un paquet de cartouches*), et on procède comme il suit pour disposer les paquets dans le cadre : établir contre le côté droit du cadre une rangée de 4 paquets debout, leur épaisseur dans le sens de la longueur du cadre; former une rangée semblable contre le côté gauche du cadre. Dans l'espace restant, disposer trois rangées de 6 paquets debout, la largeur des paquets dans le sens de la longueur du cadre.

Pour que la trousse soit bien faite, il faut que le rectangle-enveloppe soit tendu sur les faces de la trousse, que les paquets de cartouches soient assez serrés pour résister à une pression modérée exercée dans le sens de leur longueur; enfin, qu'aucun des bouts de la poignée ne vienne reposer sur une des faces latérales de la trousse.

La trousse confectionnée contient 26 paquets, soit 156 cartouches sans balle, et pèse 2 kil. 925 . . . .
. . . .

Les pinces en bois sont des billots de 15 millimètres de diamètre fendues sur une partie de leur longueur, la baguette est amincie à l'un de ses bouts.

Ces ustensiles peuvent se remplacer facilement par des pièces de bois plus ou moins analogues. On peut se passer du cadre en faisant maintenir les paquets de cartouches par un aide.

Les trousses seront généralement délivrées aux corps de troupes toutes confectionnées. Les indications qui précèdent permettent de rétablir celles qui auraient été défaites pour la visite des munitions ou pour toute autre cause.

Conservation et renouvellement des munitions.

Les munitions sont conservées dans les coffres fermés. Elles sont soumises à des visites fréquentes, principalement à la suite des marches.

Dans ces visites, les trousses ne sont pas défaites, à moins que des circonstances particulières ou l'état de l'enveloppe ne fasse douter de la conservation des cartouches.

Les munitions sont renouvelées lors des exercices de tir à la cible en totalité ou en partie, suivant les ordres de M. le Ministre de la guerre.

Conservation et entretien du matériel.

Les caissons sont conservés sur roues, mais les trains peuvent être séparés si les dimensions des magasins ou hangars ne permettent pas d'opérer autrement. Pour ménager l'espace autant que possible, on peut employer la disposition suivante, qui est analogue à celle qui est en usage pour l'embarquement en chemin de fer.

Engager un arrière-train, la flèche en arrière jusqu'à ce que les roues touchent le fond du magasin ; poser la flèche à terre. Engager un avant-train, le timon en avant et élevé jusqu'à ce que les roues touchent celles de l'arrière-train ; au besoin, démonter le timon.

En ce qui concerne l'entretien et la visite du matériel, les indications de l'*Aide-mémoire des équipages militaires* sont applicables aux caissons avec les additions suivantes :

Les clavettes des arrêtoirs de coffres doivent être assez ouvertes pour ne pas se perdre.

Dans le matériel en fer on doit veiller au serrage des écrous d'une manière toute spéciale ; les extrémités des tiges taraudées doivent toujours être rivées légèrement.

Conservation et entretien du harnachement.

(Voir l'*Aide-mémoire des Équipages militaires*).

Conditions à remplir pour qu'un cheval soit bien harnaché.

En ce qui concerne le harnais d'attelage et la garniture de tête, voir l'*Aide-mémoire des équipages militaires.*

La selle doit être placée sur la partie la plus forte de la ligne du dos, c'est-à-dire sur la partie voisine du garrot, mais sans gêner le mouvement de l'épaule et, pour cela, le devant de la pointe d'arcade doit être à trois doigts en arrière de la pointe de l'épaule.

L'arcade et les pointes des bandes d'arçon doivent laisser une grande liberté au garrot et aux reins ; le conducteur étant en selle, les panneaux doivent porter bien à plat en laissant au moins un espace de deux travers de doigts de chaque côté de la colonne vertébrale.

Précautions à prendre contre les blessures occasionnées par la selle.

Visiter fréquemment les panneaux pour s'assurer de l'état du rembourrage.

Ne jamais mettre la selle sans couverture sur le dos du cheval. Cette dernière doit être pliée en quatre, le gros pli sur le garrot, les lisérés à gauche ; en la plaçant, il faut avoir soin de la glisser plusieurs fois d'avant en arrière pour lisser le poil ; il faut aussi éviter les plis.

Lorsqu'on desselle le cheval, si l'on constate la moindre tumeur, on doit appliquer dessus une éponge imbibée d'eau vinaigrée que l'on maintient à l'aide du surfaix. Il faut, en outre, visiter le harnachement pour chercher la cause de la blessure et y faire remédier. Si le cheval ne peut plus recevoir la selle, on peut l'utiliser comme sous-verge.

Les blessures au garrot et aux reins sont particulièrement graves.

Manière de disposer les piquets et la corde pour l'attache des chevaux.

La corde doit être soutenue à 0^m,80 au-dessus du sol au moyen des deux grands piquets solidement enfoncés ; elle est tendue à l'aide de petits piquets qui sont chassés obliquement en terre jusqu'à leur anneau, à 1 mètre environ des grands piquets, dans le prolongement de la ligne qui les joint.

(Les réparations indiquées dans l'Aide-mémoire des Équipages militaires ne sont pas reproduites dans ce tarif).

DÉSIGNATION DES OBJETS.	RÉPARATIONS DONT CHAQUE OBJET EST SUSCEPTIBLE.	PRIX de chaque RÉPARATION par l'abonnement.	dans l'industrie.	OBSERVATIONS.
		fr. c.	fr. c.	
Garniture { Bride de porteur.	Remplacer une embouchure (embouchure 0 fr. 95; démonter les branches, les remonter, polir 0 fr. 65 (a).............	1 60	2 10	
	Redresser le mors à chaud..............	0 25	0 35	
	— à froid..............	0 15	0 20	
	Remplacer l'entretoise (entretoise 0 fr. 35; démonter, remonter et polir, 0 fr. 15) (a).	0 50	0 75	
	Remplacer une branche (branche 1 fr. 75; démonter, remonter et polir, 0 fr. 35) (a).	2 10	2 75	
	Remplacer un anneau....................	0 15	0 25	
	— une bossette................	0 40	0 45	
	— un clou rivé.................	0 04	0 10	
	— un porte-rêne................	0 25	0 35	Sans boucle ni passants.
	— un bouton anglais............	0 10	0 15	
	— un porte-rêne...............	2 15	2 75	Sans boucle, ni passants, ni porte-longe.
	— une longe.................	0 30	0 40	
de tête (modèle 1874). Bride de sous-verge.	— un fouet.....................	0 30	0 50	Idem.
	— une rêne....................	1 40	1 85	
	Ajuster une rêne...................	0 20	0 25	
	Remplacer une courroie de rênes de filet...	1 60	2 10	Idem.
	— un porte-rêne...............	0 25	0 35	Idem.
	— une longe..................	2 15	2 75	Sans boucle, ni passants, ni porte-longe.
	— un porte-longe..............	0 30	0 40	
Selle-arçon............	Réparer une bande d'arçon cassée (deux bandes en 1 fr. 25; pour l'assujettir, recoller, encurer et nerver, 0 fr. 50; monter et démonter, 2 fr.) (a).............	3 75	4 90	
	Fournir et recoller une pointe de bande d'arçon (pointe 0 fr. 75; équerre 0 fr. 75; monter et démonter, 1 franc; recoller, 0 fr. 10) (a).......................	2 60	3 40	1 franc est le prix de la main d'œuvre, par l'abonnement, nécessaire pour démonter et remonter la moitié de la selle; dans l'industrie ce prix est 1 fr. 50.
	Fournir et recoller deux pointes d'arçon...	4 70	6 50	
	Fournir et recoller une pointe d'arcade (pointe 0 fr. 50; dériver et river la bande d'un côté, 0 fr. 20; démonter et remonter la moitié de la selle, 1 fr.) (a)..	1 70	2 80	
	Remplacer une bande de garrot (bande en fer 1 fr. 23; recoller et nerver l'arçon, 0 fr. 55; monter et démonter, 1 fr. (a)...	2 78	4 25	
	Remplacer une bande de collet...........	0 80	1 00	Y compris le montage et le démontage.
	Remplacer une bandelette de dessus de troussequin.....................	0 50	0 60	Idem.
	Réparer le troussequin cassé dans le haut..	1 25	1 60	Sans ferrure, y compris l'encurage.
	Remplacer le troussequin avec ferrures....	3 50	4 50	Y compris le démontage de la moitié de la selle.

(a) Les prix détaillés sont ceux de l'abonnement.

DÉSIGNATION DES OBJETS.	RÉPARATIONS DONT CHAQUE OBJET EST SUSCEPTIBLE.	PRIX de chaque RÉPARATION par l'abonnement.	dans l'industrie.	OBSERVATIONS.
		fr. c.	fr. c.	
	Remplacer une chape d'attache de chapelet.............................	0 35	0 40	Y compris le démontage de la partie en cuir.
	— une enchapure d'attache de chapelet.....................	0 35	0 40	Idem.
	— une boucle de montant de poitrail..........................	0 40	0 40	Idem.
	— une enchapure de montant de poitrail.....................	0 35	0 35	
	— un rivet d'enchapure..........	0 35	0 35	
	— un porte-étrivières à rouleau....	1 55	1 35	Idem.
Arçon. (Suite.)	— une bride de porte-étrivières...	1 40	1 50	Idem.
	— une équerre de trous2equin....	1 35	1 50	Y compris 1 fr. pour démontage et remontage de la partie en cuir ; dans l'industrie 1 f. 15.
	— un rouleau de porte-étrivières...	0 05	0 05	
	— un crampon de longe de croupière....................	0 45	0 45	Non compris le démontage.
	— une rosette de longe de croupière....................	0 15	0 15	Idem.
	— un crampon de dragonne......	0 23	0 25	
	Démonter et remonter entièrement la selle.	2 00	3 00	

DÉSIGNATION DES OBJETS.		RÉPARATIONS DONT CHAQUE OBJET EST SUSCEPTIBLE.	PRIX par l'abonnement.	dans l'industrie.	OBSERVATIONS.
		Remplacer un dé de courroie de botte porte-carabine................	0 40	0 40	
		— une enchapure de dé de courroie de botte porte-carabine......	0 35	0 35	
		Remplacer les sangles-croisées...........	1 00	1 00	Prix de deux longueurs, façon non comprise.
		— les sangles-traverses........	1 00	1 00	Idem.
Selle. (Suite.)	Faux-siége.	— la toile du faux-siége......	1 40	1 40	
		— la toile de matelassure........	0 60	0 60	Non compris le démontage et le remontage de la selle.
		Retendre le faux-siége............	0 50	0 50	Idem.
		Rembourrer la matelassure.............	0 70	0 70	Idem.
		Remplacer le siége avec joncs...........	6 00	7 80	Y compris 1 fr. pour démontage et remontage ; dans l'industrie 1 f. 50.
		— un jonc seul..............	1 15	1 50	Idem.
		Recoudre le siége en partie, sans le démonter............	0 10	0.25	
		Mettre une pièce au siége................	0 50	0 60	En le démont. en partie.
	Parties en cuir, etc.	Remplacer un tirant................	0 75	0 95	Non compris le démontage et le remontage de la selle, cette réparation ne se faisant qu'avec une autre pour laquelle la main-d'œuvre est comptée.
		Reclouer un tirant.......................	0 15	0 15	
		Remplacer un quartier avec tirant........	8 50	9 50	Y compris 1 fr. pour démontage et remontage des parties en cuir; dans l'industrie 1 fr. 50.
		Mettre des pièces ou renforts aux quartiers.	0 50	0 75	
		— une pièce au quartier (de 0m,06 à 0m,08).....................	0 30	0 40	

DÉSIGNATION DES OBJETS.	RÉPARATIONS DONT CHAQUE OBJET EST SUSCEPTIBLE.	par l'abonnement.	dans l'industrie.	OBSERVATIONS.
		fr. c.	fr. c.	
Parties en cuir, etc. (Suite.)	Mettre une pièce au quartier (de 0m,10 à 0m,15)	0 60	0 80	
	Remplacer une garniture de troussequin....	1 20	1 50	Y compris 0 fr. 30 pour démontage et remontage; dans l'industrie 0 f. 40.
	— une garniture de pointe d'arcade.	0 30	0 50	Y compris 0 fr. 10 pour démontage et remontage; dans l'industrie 0 f. 20.
	— un faux quartier	2 75	3 50	Y compris 0 fr. 25 pour démontage et remontage; dans l'industrie 0 f. 40.
	Reclouer un faux quartier	0 15	0 15	
	Remplacer un contre-sanglon de sangle simple	0 40	0 50	
	— un contre-sanglon de sangle double	0 75	1 00	
	— un contour de troussequin	1 10	1 25	
	— une vis de contour	0 05	0 05	
	Mettre un fleuron numéroté et placé	0 15	0 20	
	Remplacer un trousse-étriers	0 30	0 50	
	— un contre-sanglon d'étriers	0 15	0 15	
	— une ganse d'accouple	0 45	0 55	

DÉSIGNATION DES OBJETS.	RÉPARATIONS	par l'abonnement.	dans l'industrie.	OBSERVATIONS.
Selle. (Suite.)	Fournir une paire de panneaux	13 50	16 00	Y compris le crin.
Panneaux.	Rentoiler les deux panneaux	2 20	2 75	
	Reborder en entier un panneau	0 50	0 75	
	Rembourrer les panneaux en fournissant le crin	5 60	6 50	
	— les panneaux sans fournir le crin	0 80	1 00	
	Reborder sur une longueur de 0m,05	0 10	0 10	
	Remplacer une chaussure de pointe d'arcade	0 25	0 30	
	— une chaussure de pointe de bande	0 35	0 50	
	— un contre-sanglon de panneau	0 12	0 15	
	Dégager un panneau ou faire une cambrure.	0 25	0 50	
	Remplacer les dessus de panneaux	4 50	5 80	
	Piquer un panneau	0 10	0 25	
	Mettre une pièce en cuir à un panneau	0 50	0 50	
	Fournir un chapelet	6 00	7 25	
	Remplacer un galbe de chapelet	0 30	0 50	
	— un passant fixe ou une passe	0 10	0 15	
Sacoches.	— un dessus de sacoche	2 50	3 25	
	— un gousset de sacoche	1 80	2 25	
	— un demi-gousset de sacoche	1 00	1 25	
	— une passe de boucleteau	0 10	0 10	
	— un boucleteau de sacoche	0 35	0 50	Sans boucle ni passant.
	— un contre-sanglon de boucleteau de sacoche	0 45	0 60	
	Reborder une sacoche	0 40	0 40	
	Remplacer un dessus de poche à fers	0 50	0 60	
	— un soufflet de poche à fers	0 75	1 00	
	— un boucleteau de poche à fers	0 20	0 25	Idem.
	— un contre-sanglon de poche à fers	0 20	0 25	
	— une fonte	3 50	4 25	Avec cercle et bande d'attache.
	— un cercle de fonte	0 35	0 40	
	— une bande d'attache	0 35	0 40	

DÉSIGNATION DES OBJETS.	RÉPARATIONS DONT CHAQUE OBJET EST SUSCEPTIBLE.	PRIX de chaque RÉPARATION par l'abonnement.	dans l'industrie.	OBSERVATIONS.
		fr. c.	fr. c.	
Sacoches (suite).	Recouvrir une fonte....................	1 20	1 50	
	Remplacer un boucleteau de paquetage....	0 40	0 60	Sans boucle ni passant.
	— un contre-sanglon de paquetage.	0 50	0 60	
	— un dé de longe enchapé........	0 15	0 15	
	— une enchapure de dé de longe...	0 10	0 10	
	— un recouvrement de sacoche....	2 50	4 00	
	Reborder un recouvrement.............	0 40	0 60	
	Remplacer un contre-sanglon de recouvrement...................	0 30	0 40	
	— un boucleteau.................	0 20	0 25	
	— une patte d'attache de recouvrement....................	0 25	0 25	
	— un bouton à tige, avec contre-rivure....................	0 10	0 15	Pour la sacoche de gauche.
Courroies et lanières.	— une courroie d'intérieur de sacoche...................	0 40	0 50	Avec boucle et passant.
	— une courroie de manteau ou de porte-manteau.............	0 80	1 00	Avec fleuron en cuir.
	— un fleuron de courroie ou de lanière....................	0 05	0 10	
Selle (suite). Sangles.	— une lanière de pistolet.........	0 65	0 73	Idem.
	— une sangle..................	1 20	1 75	Sans boucle ni passant.

		par l'abonnement.	dans l'industrie.	OBSERVATIONS.
Sangles.	— une enchapure avec boucle.....	0 40	0 50	
	— une passe..................	0 10	0 15	
	— une paire de sangles complète..	3 70	4 80	
Etriers et étrivières.	Fournir un étrier................	1 60	1 80	
	Limer à neuf un étrier...........	0 35	0 50	
	Redresser un étrier au feu........	0 25	0 35	
	Remplacer une boucle à traverse........	0 20	0 25	
	— une étrivière................	2 50	2 50	
	— un culeron.................	0 75	0 90	
Croupière.	— une fourche de culeron........	1 25	1 40	Avec boucle et passant.
	— un petit renfort.............	0 05	0 05	
	— un contre-sanglon de croupière.	1 00	1 20	
	— une courroie trousse-traits......	0 45	0 50	
Surfaix...	— un corps de surfaix de selle....	4 60	4 75	Sans boucle, ni chape, ni contre-sanglon.
	— un contre-sanglon de surfaix....	0 75	0 80	
	— une enchapure..............	0 35	0 40	
	— une passe..................	0 10	0 10	
Colleron...	— un corps de colleron..........	4 00	5 00	Y compris 0 f. 25 pour démontage et remontage ; dans l'industrie 0 f. 50.
	— une enchapure de boucle.......	0 35	0 40	
	— un passant fixe.............	0 08	0 10	
	— un contre-sanglon...	0 55	0 65	
	— une dragonne...............	0 20	0 25	
	— une maille à piton de colleron...	0 37		
	— une maille à piton de courroie d'agrafe..................	0 34	0 50	
Harnais d'attelage. Sellette de sous-verge.	— une courroie d'agrafe.........	0 80	1 00	Sans boucle ni passant.
	— un arçon ferré..............	8 75	9 75	Y compris 1 fr. 16 pour le montage et le démontage ; dans l'industrie 1 fr. 75.
	— une bande de garrot.........	2 00	2 25	
	— une bande de collet..........	1 00	1 50	
	— une bande de rognon.........	2 00	2 25	
	— un dé de contre-sanglon......	0 10	0 15	
	— un crampon de courroie.......	0 08	0 10	
	— une boucle rênoir............	0 30	0 30	

DÉSIGNATION DES OBJETS.	RÉPARATIONS DONT CHAQUE OBJET EST SUSCEPTIBLE.	PRIX de chaque RÉPARATION		OBSERVATIONS.
		par l'abonnement.	dans l'industrie.	
		fr. c.	fr. c.	
Harnais d'attelage. (Suite.) — Sellette de sous-verge. (Suite.)	Remplacer un quartier................	5 50	7 15	
	— une garniture de troussequin...	0 30	0 40	
	— un contour de troussequin.....	1 00	1 25	
	— une sous-ventrière..........	2 60	3 40	
	— un contre-sanglon de s.-ventrière.	0 65	0 90	
	— un contre-sanglon porte-traits...	0 50	0 65	
	— une longe de croupière........	0 50	0 70	
	— un dessus de panneau.........	0 75	1 00	
	— une toile de matelassure......	0 35	0 45	
	— une matelassure..............	2 10	2 75	
	— une chaussure...............	0 10	0 15	
	— une bordure.................	0 40	0 50	
	Rembourrer le panneau et fournir le crin..	2 30	3 00	
	Remplacer une courroie...........	0 75	1 00	
	— un dessus de chapelet........	1 25	1 60	
	— un dessous de chapelet........	0 30	0 40	
	— un dessus de poche..........	0 60	0 80	
	— un dessous de poche.........	0 65	0 90	
	— un soufflet.................	0 70	0 95	
	— une enchapure..............	0 10	0 10	
	— un contre-sanglon...........	0 15	0 20	
	— une passe..................	0 15	0 20	
Bissac.............	Remplacer un derrière de poche..........	0 70	0 90	
	— un devant de poche...........	0 50	0 70	
	— une ficelle..................	0 02	0 03	
	— un œillet..................	0 03	0 05	
	— un pourtour de poche....	0 40	0 50	
	— un dessus de patelette........	0 62	0 80	
	— un dessous de patelette........	0 50	0 65	
	Mettre une pièce à la bordure (le décimètre).	0 05	0 05	
	Remplacer un contre-sanglon de patelette..	0 10	0 15	
	— une enchapure..............	0 04	0 05	
	— un passant.................	0 04	0 03	
	— une sangle fixe.............	0 30	0 45	
	— une sangle libre............	0 30	0 45	
	— un contre-sanglon de sangle.....	0 08	0 15	
	Mettre une pièce en toile, de moins de 0m,10 de côté............	0 03	0 05	
Surfaix de couverture..	Remplacer une sangle..............	0 50	0 65	Sans boucle, ni passant, ni enchapure.
	— un contre-sanglon.............	0 32	0 40	
	— un renfort..................	0 05	0 08	
	Faire une coutur.............	0 05	0 07	

PLANCHES.

CAISSON À MUNITIONS M^{le} 1858

CAISSON A MUNITIONS M^{LE} 1858

(AVANT — TRAIN). $\left(\frac{1}{30}\right)$.

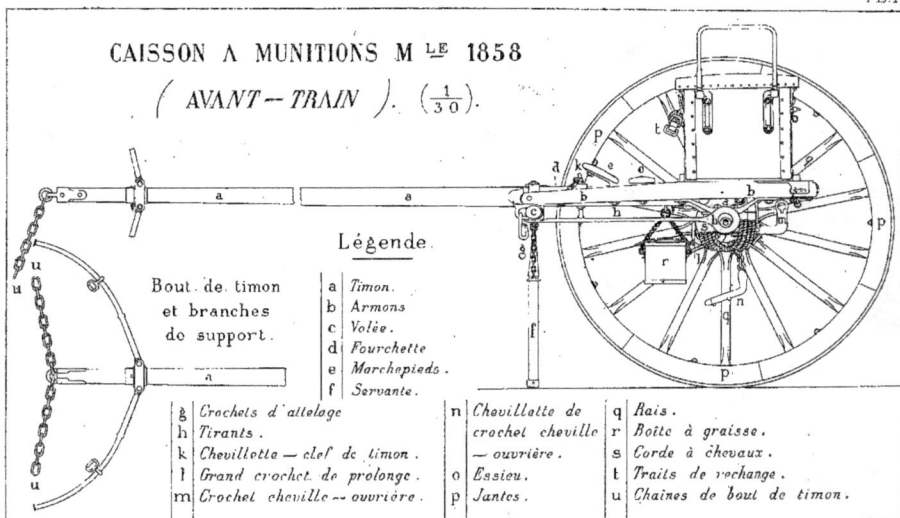

Légende.

Bout de timon
et branches
do support.

a	Timon.			
b	Armons			
c	Volée.			
d	Fourchette			
e	Marchepieds.			
f	Servante.			

g	Crochets d'attelage	n	Chevillette de crochet cheville — ouvrière.	q	Rais.
h	Tirants.	o	Essieu.	r	Boîte à graisse.
k	Chevillette — clef de timon.	p	Jantes.	s	Corde à chevaux.
l	Grand crochet de prolonge.			t	Traits de rechange.
m	Crochet cheville — ouvrière.			u	Chaînes de bout de timon.

CAISSON À MUNITIONS M^le 1858 . (ARRIÈRE—TRAIN) . (fin)

CAISSON A MUNITIONS M^{LE} 1858. (*ARRIÈRE-TRAIN*). ($\frac{1}{30}$)

Légende.

a	Flèche.	g	Plaque d'appui de roue.
b	Brancards.	h	Sabot d'enrayage.
c	Corps d'essieu.	k	Chaine de sabot.
d	Marchepieds.	l	Chaine d'échappement.
e	Lunette de flèche.	m	Clef.
f	Étrier porte — timon	n	Maille à talon.
	de rechange.	o	Arrêtoirs de coffre.

p	Essieu porte — roue.	u	Timon de rechange.
q	Crochet de brancard du milieu.	v	Grand piquet.
r	Poignées de coffre.	x	Petit piquet.
s	Étriers de portereau.	y	Masse.
t	Pelle carrée.	z	Pieux.

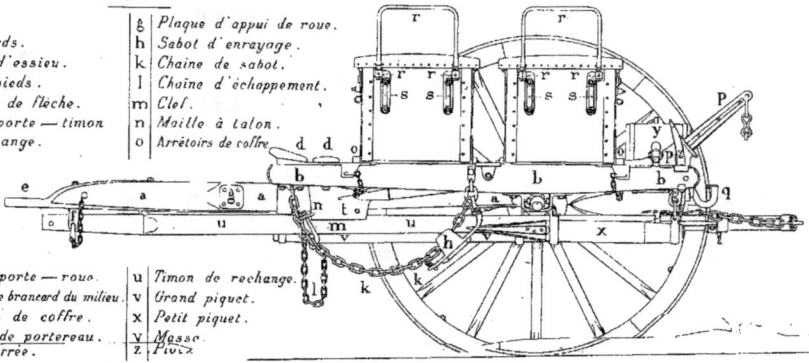

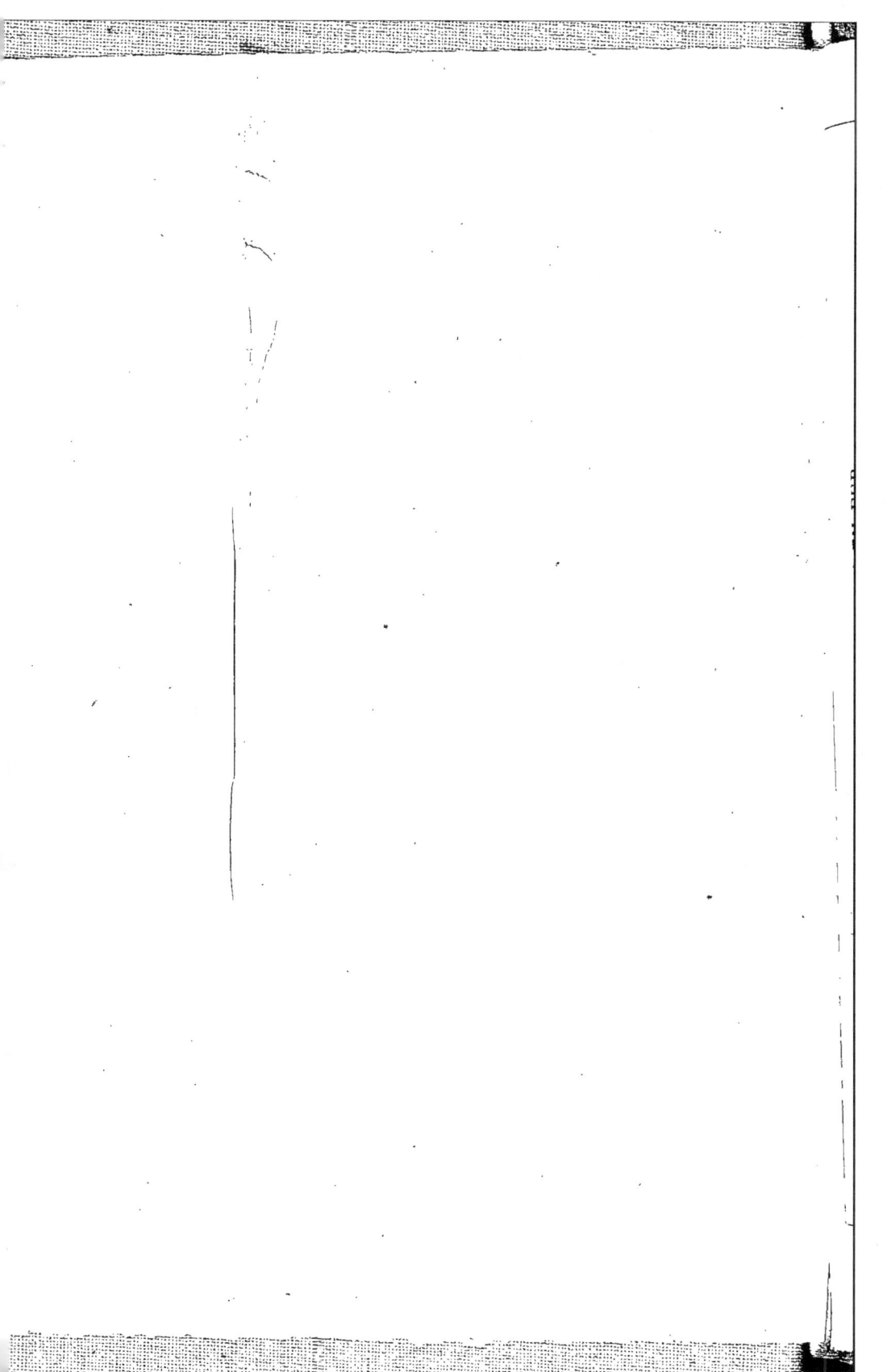

CAISSON A MUNITIONS DE 5 EN FER.

(AVANT-TRAIN ET ARRIÈRE-TRAIN.)

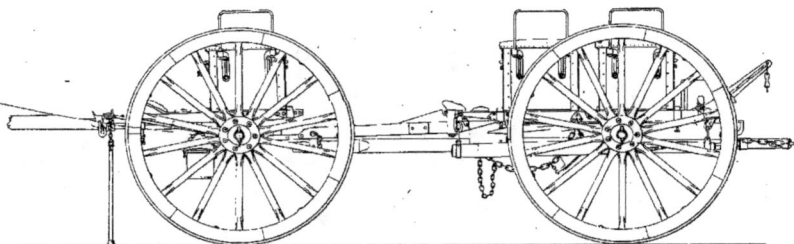

Harnais du commun des bataillons.
Paire de rênes de Bride de porteur

Harnais du caisson de bataillon.

Mors de bride de porteur

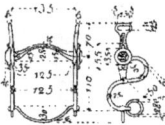

Paire de rênes de Bride de porteur

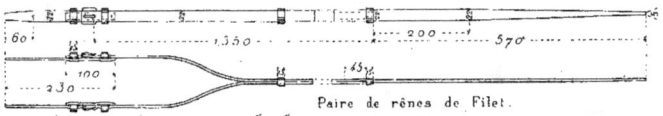

Colleron

Paire de rênes de Filet.

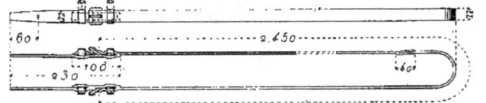

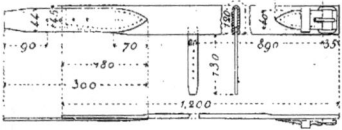

Mailles à piton de colleron et de courroie d'agrafe

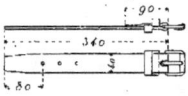

Courroie d'agrafe

Longe bouclée.

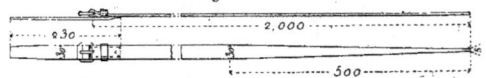

Ralonge de traits,

disposée pour cheval de devant.

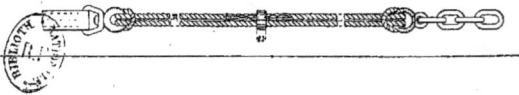

Harnais — du caisson du bataillon. Courroies Trou d'ardillons Sellette

PL. V.

Harnais du caisson de bataillon.

Selle.

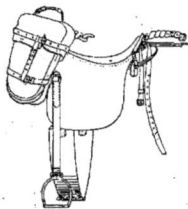

Sellette

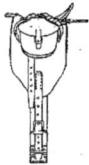

Courroies

			Trous d'ardillons
de manteau	Grande.	730 · 75	12
	Petite.	540 · 75	12
de porte-manteau.		520 · 75	16
d'intérieur de sacoches.		340 · 80	
de charge		800	15

Surfaix de Selle.

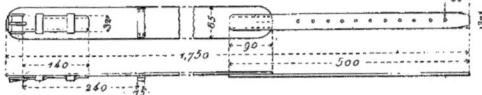

Contre — sanglons
double du devant.

du milieu.

du derrière.

Trousse-étrier.

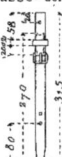

Etrivière.

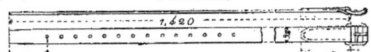

Sangle

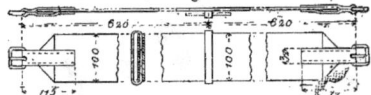

Longe de Croupière.

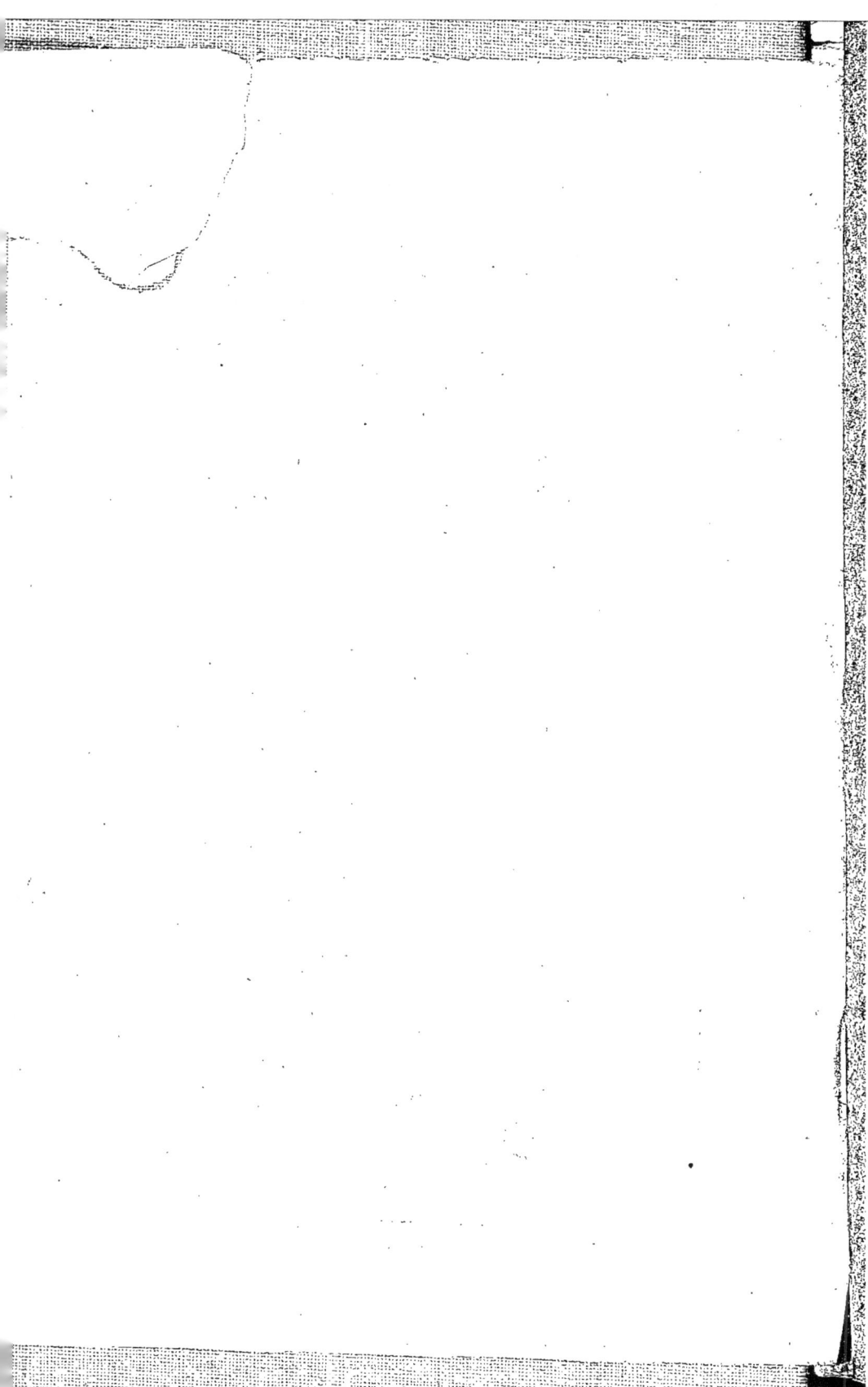

www.ingramcontent.com/pod-product-compliance
Lightning Source LLC
Chambersburg PA
CBHW060744280326
41934CB00010B/2349